GOETHE

AF201053

GOETHE

Liebe, Freundschaft, Glück, Erfolg

Z i t a t e

von

Johann Wolfgang von Goethe

Auswahl und Vorwort
von Elisabeth Draguhn

Books on Demand

Quelle der in diesem Band zusammengetragenen Zitate:
Johann Wolfgang Goethe: Sämtliche Werke nach Epochen seines Schaffens. Münchner Ausgabe. (Hrsg.): Karl Richter u.a. München 1985 ff. Carl Hanser Verlag, München.

Bibliografische Information der Deutschen Nationalbibliothek:
Die Deutsche Nationalbibliothek verzeichnet diese Publikation in der Deutschen Nationalbibliografie; detaillierte bibliografische Daten sind im Internet über http://dnb.dnb.de abrufbar.

© *2018 Elisabeth Draguhn*

Herstellung und Verlag:
BoD – Books on Demand, Norderstedt

ISBN: 978-3-7448-9940-6

Inhalt

VORWORT

Johann Wolfgang von Goethe, geboren am 28.8.1749 in Frankfurt und gestorben nach einem arbeitsintensiven Leben 82jährig am 22. März 1832 in Weimar, lebte in einer von gesellschaftlichen und politischen Umbrüchen geprägten Zeit.

Als Dichter hinterließ er einen unermesslichen Schatz, der es verdient, immer wieder ausgegraben zu werden.

Mit den hier zusammengetragenen Gedanken, Versen, Sprüchen, Maximen und Reflexionen Goethes wird der Versuch unternommen, die Lebensanschauung des großen deutschen Dichters zu beleuchten, der Weltliteratur geschrieben hat.

1774 verfasste Goethe mit kaum 26 Jahren den Briefroman *Die Leiden des jungen Werthers,* hinterließ u.a. zahlreiche Dramen, weit über 3000 Gedichte, einen umfangreichen, überlieferten Briefwechsel, Tagebücher, neben seiner autobiografischen Schrift *Dichtung und Wahrheit* die Romane *Wilhelm Meisters Lehrjahre, Die Wahlverwandtschaften, Wilhelm Meisters Wanderjahre*, vollendete noch im hohen Alter *Faust II.*

Nach seinem Jurastudium erwarb der junge Goethe 1771, wenige Tage vor seinem 22. Geburtstag, das Lizenziat der Rechte, folgte 1775 der Einladung des Herzogs Carl August an den Weimarer Hof, übernahm dort neben zahlreichen Verwaltungsaufgaben für viele Jahre die Direktion des Weimarer Hoftheaters, wurde 1782 in den

Adelsstand erhoben, 1815 zum Staatsminister ernannt. Er unternahm unterschiedliche Reisen; besonders seine Italienreise 1786-1788 (*Die Italienische Reise*) wäre hier zu erwähnen – zu damaliger Zeit mit der Kutsche... Er beschäftigte sich mit der bildenden Kunst, der Farbenlehre, der Metamorphose der Pflanzen, der Kultur und Dichtung des Orients (*West-östlicher Divan*-Gedichtzyklus) und vielem mehr...
Er ging auf Distanz, wenn es ihm gemäß schien und war ein genauer Beobachter.

Am Beispiel Goethe und dessen immenser Lebenserfahrung möchte dieser Band als kleines handliches Nachschlagewerk Ratgeber für Lebenskunst sein.

Die vorliegende Sammlung ist fokussiert auf die Themen: Liebe, Freundschaft, Glück, Erfolg; es sind Sujets, die die Menschen von jeher berühren.

Elisabeth Draguhn

*Warum sagst du uns das
in Versen?*

*Die Verse sind wirksam,
Spricht man in Prosa zu euch,
stopft ihr die Ohren euch zu.*

Johann Wolfgang von Goethe (1749-1832)

LIEBE

Mit Jemand leben oder *in* Jemand leben ist ein
großer Unterschied.
Es gibt Menschen in denen man leben kann,
ohne mit ihnen zu leben, und umgekehrt.
Beides zu verbinden ist nur der reinsten Liebe
und Freundschaft möglich.

*

Das ist die wahre Liebe,
die immer und immer sich gleich bleibt.
Wenn man ihr alles gewährt,
wenn man ihr alles versagt.

*

STAMMBUCHBLATT
Weise die Rose nicht ab von deinem Busen,
sie blühet
Noch auf der Wange dir,
noch in dem Herzen dir auf.

*

WAS SOLL ich viel lieben,
was soll ich viel hassen;
Man lebt nur vom leben lassen.

*

Lieb' und Leidenschaft können verfliegen,
Wohlwollen aber wird ewig siegen.

*

Neigung besiegen ist schwer;
gesellet sich aber Gewohnheit,
Wurzelnd,
allmählig zu ihr,
unüberwindlich ist sie.

*

TADELT MAN daß wir uns lieben,
Dürfen wir uns nicht betrüben,
Tadel ist von keiner Kraft.
Andern Dingen mag das gelten
Kein Mißbilligen, kein Schelten
Macht die Liebe tadelhaft.

*

WER RECHT will tun, immer und mit Lust,
Der hege wahre Lieb' in Sinn und Brust.

*

Die Irrtümer des Menschen
machen ihn eigentlich liebenswürdig.

*

Nichts ist zarter als die Vergangenheit;
Rühre sie an wie ein
glühend Eisen:
Denn sie wird dir sogleich beweisen
Du lebest auch in heißer Zeit.

*

Was auch als Wahrheit oder Fabel
In tausend Büchern dir erscheint,
Das alles ist ein Turm zu Babel,
Wenn es die Liebe nicht vereint.

*

AUS DER FERNE
Am heißen Quell verbringst Du Deine Tage,
Das regt mich auf zu innerm Zwist;
Denn wie ich Dich so ganz im Herzen trage
Begreif' ich nicht wie Du wo anders bist.

*

DU HATTEST LÄNGST mirs angetan,
Doch jetzt gewahr ich neues Leben:
Ein süßer Mund blickt uns gar freundlich an
Wenn er uns einen Kuß gegeben.

*

DIE GEGENWART weiß nichts von sich,

Der Abschied fühlt sich mit Entsetzen,
Entfernen zieht dich hinter dich,
Abwesenheit allein versteht zu schätzen.

*

MIT DER JUBILÄUMS MEDAILLE
Ehre die uns hoch erhebt
Führt vielleicht aus Maß und Schranken;
Liebe die im Innern lebt
Sammelt schwärmende Gedanken.

*

GUTES THU rein aus des Guten Liebe!
Das überliefre deinem Blut;
Und wenns den Kindern nicht verbliebe
Den Enkeln kommt es doch zu gut.

*

GLÜCKSELIG ist, wer Liebe rein genießt,
Weil doch zuletzt das Grab so Lieb' als Haß
verschließt.

*

LIEBE teilet die Freud und den Schmerz
und fühlt sich nur Liebe.

*

IM VORÜBERGEHN

Ich ging im Felde
So für mich hin,
Und nichts zu suchen
Das war mein Sinn.

Da stand ein Blümchen
Sogleich so nah,
Daß ich im Leben
Nichts lieber sah.

Ich wollt es brechen,
Da sagt es schleunig;
Ich habe Wurzeln,
Die sind gar heimlich.

Im tiefen Boden
Bin ich gegründet;
Drum sind die Blüten
So schön geründet.

Ich kann nicht liebeln,
Ich kann nicht schranzen,
Mußt mich nicht brechen,
Mußt mich verpflanzen.

*

Woher sind wir geboren
Aus Lieb.
Wie wären wir verloren
Ohn Lieb.
Was hilft uns überwinden?
Die Lieb.
Kann man auch Liebe finden?
Durch Lieb.
Was läßt nicht lange weinen?
Die Lieb.
Was soll uns stets vereinen
Die Lieb.

*

Zürnet nicht ihr Frauen
daß wir das Mädchen bewundern
Ihr genießet des Nachts
was sie am Abend erregt.

*

MEIN ERBTHEIL wie herrlich, weit und breit
Die Zeit ist mein Besitz,
mein Acker ist die Zeit.

*

„Manches können wir nicht verstehn."
Lebt nur fort,
es wird schon gehn.

*

Man muß seine Irrtümer teuer bezahlen
wenn man sie los werden will,
und dann hat man noch von Glück zu sagen.

*

Mißgunst und Haß
beschränken den Beobachter auf die Oberfläche,
selbst wenn Scharfsinn sich zu ihnen gesellt;
verschwistert sich dieser hingegen
mit Wohlwollen und Liebe,
so durchdringt er die Welt und den Menschen,
ja er kann hoffen
zum Allerhöchsten zu gelangen.

*

„Freiwillige Abhängigkeit ist der schönste
Zustand
und wie wäre der möglich ohne Liebe."

*

DER ERFAHRNE
Geh den Weibern zart entgegen,

Du gewinnst sie auf mein Wort;
Und wer rasch ist und verwegen
Kommt vielleicht noch besser fort;
Doch wem wenig dran gelegen
Scheinet, ob er reizt und rührt,
Der beleidigt, der verführt.

*

Und doch bleibt was Liebes immer,
So im Reden so im Denken;
Wie wir schöne Frauenzimmer
Mehr als garstige beschenken.

*

Da steht man denn von neuem still
Warum das auch nicht gehen will.

*

Man kann niemand lieben als dessen Gegenwart
man sicher ist, wenn man sein bedarf.

*

Ein Mann der Tränen streng entwöhnt
Mag sich ein Held erscheinen;
Doch wenn's im Innern sehnt und dröhnt,
Geb' ihm ein Gott – zu weinen.

*

„So still und so sinnig!
Es fehlt dir was, gesteh es frei."
Zufrieden bin ich,
Aber mir ist nicht wohl dabei!

*

Wie das Gestirn, Ohne Hast,
Aber ohne Rast, Drehe sich jeder
Um die eigne Last.

*

Manches herrliche der Welt
Ist in Krieg und Streit zerronnen;
Wer beschützet und erhält
Hat das schönste Los gewonnen.

*

DAS LEBEN ist ein schlechter Spas,
Dem fehlts an Dies, dem fehlts am Das,
Der will nicht wenig, der zuviel
Und Kann und Glück kommt auch in's Spiel
Und hat sich's Unglück drein gelegt
Jeder wie er nicht wollte trägt.
Bis endlich Erben mit Behagen
Herrn Kannnicht-Willnicht weiter tragen.

*

Weißt du worin der Spaß des Lebens liegt?
Sei lustig! –
geht es nicht so sei vergnügt.

*

„Wie weißt du dich denn so zu fassen?"
Was ich tadle muß ich gelten lassen.

*

Wenn am Tag' Zenit und Ferne
Blau ins Ungemeßne fließt,
Nachts die Überwucht der Sterne
Himmlische Gewölbe schließt,
So am Grünen so am Bunten
Kräftigt sich ein reiner Sinn,
Und das Oben wie das Unten
Bringt dem edlen Geist Gewinn.

*

Und was die Menschen meinen
Das ist mir einerlei,
Möchte mich mir selbst vereinen;
Allein wir sind zu zwei;
Und im lebendgen Treiben
Sind wir ein Hier und Dort,
Das eine liebt zu bleiben
Das andre möchte fort;
Doch zu dem Selbst-Verständnis

Ist auch wohl noch ein Rat:
Nach fröhlichem Erkenntnis
Erfolge rasche Tat.

*

NICHT ALLES IST GOLD was gleist,
Glück nicht alles was so heißt
Nicht alles Freude was so scheint.
Damit hab ich gar manches gemeynt.

*

Willst du Großes dich erkühnen
Zeigt sich hier ein doppelt Glück;
Feder wird dem Geiste dienen
Und der Pinsel dient dem Blick.

*

Wär' nicht das Auge sonnenhaft,
Die Sonne könnt' es nie erblicken;
Läg' nicht in uns des Gottes eigne Kraft,
Wie könnt' uns Göttliches entzücken?

*

„Gegen große Vorzüge eines Andern
gibt es kein Rettungsmittel als die Liebe."

*

Wenn ich dumm bin,
lassen sie mich gelten;
Wenn ich recht hab',
wollen sie mich schelten.

*

KOMMT ZEIT, KOMMT RAT
Wer will denn alles gleich ergründen!
Sobald der Schnee schmilzt, wird sich's finden.
-
Hier hilft nun weiter kein Bemühn!
Sind's Rosen, und sie werden blühn.

*

Liebe flößest du ein und Begier
ich fühl es und brenne
Liebenswürdige nun flöße Vertrauen mir ein.

*

Grau und trüb und immer trüber
Kommt ein Wetter angezogen;
Blitz und Donner sind vorüber,
Euch erquickt ein Regenbogen.

*

Die Wissenschaft hilft uns vor allem
daß sie das Staunen,

wozu wir von Natur berufen sind,
einigermaßen erleichtere;
sodann aber daß sie
dem immer gesteigerten Leben
neue Fertigkeiten erwecke,
zu Abwendung des Schädlichen
und Einleitung des Nutzbaren.

*

Fehlst du; laß dich's nicht betrüben:
Denn der Mangel führt zum Lieben;
Kannst dich nicht vom Fehl befrei'n;
Wirst du Andern gern verzeih'n.

*

Alle Weiber sind Ware
mehr oder weniger
kostet Sie den begierigen Mann
der sich zum Handel entschließt.
(Glücklich ist die beständge
die den Beständigen findet
Einmal nur sich verkauft und auch nur einmal
gekauft wird.)

*

Die größte Wahrscheinlichkeit der Erfüllung
läßt noch einen Zweifel zu;
daher ist das Gehoffte,

wenn es in die Wirklichkeit eintritt,
jederzeit überraschend.

*

DAS BESTE
Wenn dir's in Kopf und Herzen schwirrt,
Was willst du Beßres haben!
Wer nicht mehr liebt und nicht mehr irrt,
Der lasse sich begraben.

*

Man frage nicht ob man durchaus übereinstimmt
sondern ob man in einem Sinne verfährt.

*

Efeu und ein zärtlich Gemüt
Heftet sich an und grünt und blüht.
Kann es weder Stamm noch Mauer finden,
Es muß verdorren, es muß verschwinden.

*

ERSTER VERLUST
Ach! wer bringt die schönen Tage,
Jene Tage der ersten Liebe,
Ach! wer bringt nur Eine Stunde
Jener holden Zeit zurück!

Einsam nähr' ich meine Wunde,
Und mit stets erneuter Klage
Traur' ich ums verlorne Glück.

Ach! wer bringt die schönen Tage,
Jene holde Zeit zurück!

*

Der liebt nicht, der die Fehler des Geliebten
nicht für Tugenden hält.

*

Liebe will ich liebend loben,
Jede Form sie kommt von oben.

*

(GRUNDBEDINGUNG)
Sprichst du von Natur und Kunst,
Habe beide stets vor Augen:
Denn was soll die Rede taugen
Ohne Gegenwart und Gunst!

Eh du von der Liebe sprichst
Laß sie erst im Herzen leben,
Eines holden Angesichts
Phosphorglanz dir Feuer geben.

FREUNDSCHAFT

Es ist besser man betrügt sich an seinen Freunden
als daß man seine Freunde betrüge.

*

Du bist sehr eilig, meiner Treu!
Du suchst die Tür und läufst vorbei.

*

Es gibt Menschen die auf die Mängel ihrer
Freunde sinnen
dabei ist nichts zu gewinnen,
ich habe immer auf die Verdienste meiner
Widersacher acht gehabt
und davon Vorteil gezogen.

*

Wer lebenslang dir wohl getan,
Verletzung rechne dem nicht an.

*

Anstatt dass ihr bedächtig steht,
Versucht's zusammen eine Strecke;
Wißt ihr auch nicht wohin es geht,
So kommt ihr wenigstens vom Flecke.

*

GLAUBWÜRDIGKEIT
Wem zu glauben ist?
redliche Freunde, das kann ich euch sagen,
Glaubt dem Leben,
es lehrt besser als Redner und Buch.

*

Setzten wir uns an die Stelle anderer Personen,
so würden Eifersucht und Haß wegfallen,
die wir so oft gegen sie empfinden;
und setzten wir andere an unsere Stelle,
so würde Stolz und Einbildung
gar sehr abnehmen.

*

Was man mündlich ausspricht
muß der Gegenwart
dem Augenblick gewidmet sein,
was man schreibt
widme man der Ferne der Folge.

*

DER MENSCH erfährt, er sei auch wer er mag,
Ein letztes Glück und einen letzten Tag.

*

DOPPELT gibt wer gleich gibt,
Hundertfach der gleich gibt
Was man wünscht und liebt.

*

Sage nicht daß du geben willst sondern gib
Die Hoffnung befriedigst du nie.

*

MAN KANN nicht immer zusammen stehn,
Am wenigsten mit großen Haufen.
Seine Freunde die läßt man gehn,
Die Menge läßt man laufen.

*

(AN DEN GRAFEN CASPAR STERNBERG,
12. JUNI 1827)

Wenn mit jugendlichen Scharen
Wir beblümte Wege gehn
Ist die Welt doch gar zu schön;
Aber wenn bei hohen Jahren
Sich ein Edler uns gesellt
O wie herrlich ist die Welt.

Weimar Juni 1827. Goethe

*

Teuer ist mir der Freund,
doch auch den Feind kann ich nutzen,
Zeigt mir der Freund, was ich *kann*,
lehrt mich der Feind, was ich *soll*.

*

WEN DIE Dankbarkeit geniert
Der ist übel dran.
Denke wer dich erst geführt
Wer für dich getan!

*

DU! DER Gefällige
Warum du so fürchterlich bist?
Das zu Gefällige
Ist ähnlich der List.

*

AXIOM
Freund, wer ein Lump ist, bleibt ein Lump,
Zu Wagen, Pferd' und Fuße;
Drum glaub' an keinen Lumpen je,
An keines Lumpen Buße.

*

Es ist keine Kunst eine Göttin zur Hexe
eine Jungfrau zur Hure zu machen,
aber zur umgekehrten Operation,

Würde zu geben dem Verschmähten
wünschenswert zu machen das Verworfene
dazu gehört entweder Kunst oder Charakter.

*

WILLST DU dich am Ganzen erquicken;
So mußt du das Ganze im Kleinsten erblicken.

*

MAGST DU jemand Feste geben
Dem du schwer verschuldet?
Kannst du doch mit niemand leben
Der dich allenfalls nur duldet.

*

BÜRGERPFLICHT
Ein jeder *kehre* vor seiner Tür,
Und rein ist jedes Stadtquartier;
Ein jeder *übe* sein' Lection,
So wird es gut im Rate stohn.
Weimar d. 6. März 1832
JWvGoethe

*

Es gibt keine Lage die man nicht veredlen könnte
durch Leisten oder Dulden.

*

„Wir lernen die Menschen nicht kennen,
wenn sie zu uns kommen;
wir müssen zu ihnen gehen,
um zu erfahren wie es mit ihnen steht."

*

Sage mir mit wem du umgehst,
so sage ich dir wer du bist;
weiß ich womit du dich beschäftigst,
so weiß ich was aus dir werden kann.

*

WAS KLAGST DU über Feinde?
Sollten solche je werden Freunde,
Denen das Wesen wie du bist
Im stillen ein ewiger Vorwurf ist.

*

GESELLSCHAFT
Aus einer großen Gesellschaft heraus
Ging einst ein stiller Gelehrter zu Haus.
Man fragte:
Wie seyd ihr zufrieden gewesen?
„Wärens Bücher,
sagt er,
ich würd' sie nicht lesen."

*

WIE DU MIR, SO ICH DIR
Mann mit zugeknöpften Taschen,
Dir thut Niemand was zu lieb':
Hand wird nur von Hand gewaschen;
Wenn du nehmen willst, so gieb!

*

Freundschaft
kann sich bloß praktisch erzeugen,
praktisch Dauer gewinnen.
Neigung, ja sogar Liebe,
hilft alles nichts zur Freundschaft.
Die wahre, die tätige, productive besteht darin
daß wir gleichen Schritt im Leben halten,
daß Er meine Zwecke billigt,
ich die seinigen und
daß wir so unverruckt zusammen fortgehen,
wie auch sonst die Differenz
unserer Denk- und Lebensweise sein möge.

*

Wie fruchtbar ist der kleinste Kreis
Wenn man ihn wohl zu pflegen weiß.

GLÜCK

WAS GIBT uns wohl den schönsten Frieden,
Als frei am eignen Glück zu schmieden.

*

ZUM EWIGEN FRIEDEN
Bald, kennt jeder den eigenen Vorteil und gönnet
dem andern Seinen Vorteil,
so ist ewiger Friede gemacht.

*

ERINNERUNG
Willst du immer weiter schweifen!
Sieh das Gute liegt so nah.
Lerne nur das Glück ergreifen
Denn das Glück ist immer da.

*

DER ZUFRIEDNE
Vielfach ist der Menschen Streben,
Ihre Unruh, ihr Verdruß;
Auch ist manches Gut gegeben,
Mancher liebliche Genuß;
Doch das größte Glück im Leben
Und der reichlichste Gewinn
Ist ein guter leichter Sinn.

*

BEHERZIGUNG

Ach was soll der Mensch verlangen?
Ist es besser ruhig bleiben?
Klammernd fest sich anzuhangen?
Ist es besser sich zu treiben?

Soll er sich ein Häuschen bauen?
Soll er unter Zelten leben?
Soll er auf die Felsen trauen?
Selbst die festen Felsen beben.

Eines schickt sich nicht für alle
Sehe jeder wie ers treibe,
Sehe jeder wo er bleibe,
Und wer steht, daß er nicht falle.

*

Liegt dir Gestern klar und offen,
Wirkst du Heute kräftig frei;
Kannst auch auf ein Morgen hoffen
Das nicht minder glücklich sei.

*

WILLST Du nichts Unnützes kaufen,
Mußt du nicht auf den Jahrmarkt laufen.

*

DAS GLÜCK deiner Tage
Wäge nicht mit der Goldwaage.
Wirst du die Krämer-Waage nehmen,
So wirst du dich schämen,
und dich bequemen.

*

ALLES IN der Welt läßt sich ertragen,
Nur nicht eine Reihe von schönen Tagen.

*

WEM WOHL das Glück die schönste Palme beut?
Wer freudig tut, sich des Getanen freut.

*

WAS UNS GÜNSTIGES in fernen Landen
Auch begegnet, sehnt, bei allem Glück,
Doch das Herz zu seiner Jugend Banden,
Zu dem heim'schen Kreise sich zurück.

*

LASS NUR die Sorge sein,
Das gibt sich alles schon,
Und fällt der Himmel ein,
Kommt doch eine Lerche davon.

*

Die Ehe
ist der Anfang und der Gipfel aller Kultur.
Sie macht den Rohen mild, und der Gebildetste
hat keine beßre Gelegenheit
seine Milde zu beweisen.
Unauflöslich muß sie sein:
denn sie bringt so vieles Glück,
dass alles einzelne Unglück
dagegen gar nicht zu rechnen ist.
Und was will man von Unglück reden?
Ungeduld ist es,
die den Menschen von Zeit zu Zeit anfällt,
und dann beliebt er sich unglücklich zu finden.
Lasse man den Augenblick vorübergehen,
und man wird sich glücklich preisen, daß ein so
lange Bestandenes noch besteht.
Sich zu trennen gibt's gar keinen hinlänglichen
Grund. Der menschliche Zustand ist so hoch in
Leiden und Freuden gesetzt, daß gar nicht
berechnet werden kann, was ein Paar Gatten
einander schuldig werden.
Es ist eine unendliche Schuld, die nur durch die
Ewigkeit abgetragen werden kann.
Unbequem mag es manchmal sein, das glaub' ich
wohl, und das ist eben Recht. Sind wir nicht auch
mit dem Gewissen verheiratet? das wir oft gerne
los sein möchten, weil es unbequemer ist
als uns je ein Mann
oder eine Frau werden könnte.

*

WER IST der glücklichste Mensch?
Der fremdes Verdienst zu empfinden Weiß
und an fremdem Genuß
sich wie am eignen zu freun.

*

VERWEILE nicht und sei dir selbst ein Traum,
Und wie du reisest, danke jedem Raum,
Bequeme dich dem Heißen wie dem Kalten;
Dir wird die Welt, du wirst ihr nie veralten.

*

DASS GLÜCK ihm günstig sei,
Was hilfts dem Stöffel?
Denn regnets Brei,
Fehlt ihm der Löffel.

*

WOHL unglückselig ist der Mann,
Der unterläßt das, was er kann,
Und unterfängt sich, was er nicht versteht;
Kein Wunder, daß er zu Grunde geht.

ERFOLG

„WIE KONNTE *der* denn *das* erlangen?"
Er ist auf Fingerchen gegangen.

*

WISSENSCHAFT
Einem ist sie die hohe, die himmlische Göttin,
dem andern
Eine tüchtige Kuh,
die ihn mit Butter versorgt.

*

Das schlimmste was uns wiederfährt
Das werden wir vom Tag gelehrt.
Wer in dem Gestern Heute sah
Dem geht das Heute nicht allzunah,
Und wer im Heute sieht das Morgen,
Der wird sich rühren,
wird nicht sorgen.

*

So wars von jeher,
mein Freund,
und so wirds auch bleiben.
Die Ohnmacht
Hat die *Regel* für sich,
aber die Kraft den Erfolg.

*

Wie einer denkt ist einerlei,
Was einer tut ist zweierlei;
Macht er's gut so ist es recht,
Gerät es nicht so bleibt es schlecht.

*

„Du Kräftiger sei nicht so still,
Wenn auch sich andere scheuen."
Wer den Teufel erschrecken will
Der muß laut schreien.

*

Zeig' ich die Fehler des Geschlechts:
So heißt es: tue selbst was rechts.

*

Das mach' ich mir denn zum reichen Gewinn,
Daß ich getrost ein Pedante bin.

*

BEGEISTERUNG
Fassest du die Muse nur beim Zipfel
Hast du wenig nur getan;
Geist und Kunst, auf ihrem höchsten Gipfel,
Muten alle Menschen an.

*

Glaube dich nicht allzu gut gebettet;
Ein gewarnter Mann ist halb gerettet.

*

Tief und ernstlich denkende Menschen
haben gegen das Publicum einen bösen Stand.

*

„Dir warum doch verliert
Gleich alles Wert und Gewicht?"
Das Tun interessiert,
Das Getane nicht.

*

Ja! das ist das rechte Gleis
Daß man nicht weiß
Was man denkt
Wenn man denkt;
Alles ist als wie geschenkt.

*

Wer etwas taugt der schweige still,
Im Stillen gibt sich's schon;
Es gilt, man stelle sich wie man will,
Doch endlich die Person.

*

„Am Morgen sind wir am klügsten,
aber auch am sorglichsten;
denn auch die Sorge ist eine Klugheit,
wiewohl nur eine passive.
Die Dummheit weiß von keiner Sorge."

*

KÖNNT ICH VOR MIR SELBER FLIEHN;
Das Maß ist voll!
Ach! Warum streb ich immer dahin
Wohin ich nicht soll.

*

Soll dich das Alter nicht verneinen,
So mußt du es gut mit andern meinen,
Mußt viele fördern manchem nützen
Das wird dich vor Vernichtung beschützen.

*

KEINS VON ALLEN
Wenn du dich selber machst zum Knecht,
Bedauert dich Niemand, geht's dir schlecht;
Machst du dich aber selbst zum Herrn,
Die Leute sehn es auch nicht gern;
Und bleibst du redlich wie du bist,
So sagen sie, daß nichts an dir ist.

*

GOTT UND WELT
Weite Welt und breites Leben,
Langer Jahre redlich Streben,
Stets geforscht und stets gegründet,
Nie geschlossen, oft geründet,
Ältestes bewahrt mit Treue,
Freundlich aufgefaßtes Neue,
Heiteren Sinn und reine Zwecke:
Nun! man kommt wohl eine Strecke.

*

Den Reichtum muß der Neid beteuern:
Denn er kreucht nie in leere Scheuern.

*

Mit seltsamen Gebärden
Gibt man sich viele Pein,
Kein Mensch will etwas werden
Ein jeder will schon was sein.

*

BREIT WIE LANG
Wer bescheiden ist, muß dulden,
Und wer frech ist, der muß leiden;
Also wirst du gleich verschulden,
Ob du frech seyst, ob bescheiden.

*

„Wer ist ein unbrauchbarer Mann?"
Der nicht befehlen und auch nicht gehorchen
kann.

*

EGALITÉ
Das Größte will man nicht erreichen,
Man beneidet nur Seines-Gleichen,
Der schlimmste Neidhart ist in der Welt,
Der jeden für Seines-Gleichen hält.

*

Man muß eine Sache gefunden haben,
wenn man wissen will,
wo sie liegt.

*

WIE ETWAS sey leicht,
Weis der es erfunden und erreicht.

*

Mit Ungeduld
bestraft sich zehnfach Ungeduld;
man will das Ziel heranziehn
und entfernt es nur.

*

Der Menschenverstand
wird mit dem gesunden Menschen rein geboren,
entwickelt sich aus sich selbst
und offenbart sich
durch ein entschiedenes Gewahrwerden
und Anerkennen des Notwendigen und
Nützlichen.
Praktische Männer und Frauen
bedienen sich dessen mit Sicherheit.
Wo er mangelt, halten beide Geschlechter
was sie begehren für notwendig,
und für nützlich was ihnen gefällt.

*

DEMUT
Seh' ich die Werke der Meister an,
So seh ich das, was sie getan;
Betracht' ich meine Siebensachen,
Seh' ich, was ich hätt' sollen machen.

*

Wir können einem Widerspruch
in uns selbst nicht entgehen;
wir müssen ihn auszugleichen suchen.
Wenn uns andere widersprechen,
das geht uns nichts an,
das ist ihre Sache.

*

OB ICH LIEBE!, ob ich hasse! –
Nur soll ich nicht schelten.
                              gelten
Wenn ich die Leute   lasse
                              leben
    Läßt man mich gelten.

*

SAGE MIR mit wem zu sprechen
Dir genehm, gemütlich ist;
Ohne mir den Kopf zu brechen
Weiß ich deutlich wie du bist.

*

Im Betrachten, wie im Handeln,
ist das Zugängliche von dem Unzugänglichen
zu unterscheiden;
ohne dies läßt sich im Leben wie im Wissen
wenig leisten.

*

LASS NEID und Mißgunst sich verzehren,
Das Gute werden sie nicht wehren.
Denn, Gott sei Dank! es ist ein alter Brauch:
So weit die Sonne scheint,
so weit erwärmt sie auch.

*

WENN EIN EDLER gegen dich fehlt;
So tu als hättest du's nicht gezählt:
Er wird es in sein Schuldbuch schreiben,
Und dir nicht lange im Debet bleiben.

*

Aber in einem jeden Kreis
bedroht ihn der Tagesgeist;
und nichts ist nötiger
als früh genug ihm die Richtung
bemerklich zu machen,
wohin sein Wille zu steuern hat.

*

VERFAHRE RUHIG, still,
Brauchst dich nicht anzupassen;
Nur wer was gelten will
Muß andre gelten lassen.

*

AUS TIEFEM Gemüt,
aus der Mutter Schoß
Will Manches dem Tage entgegen;
Doch soll das Kleine je werden groß,
So muß es
sich rühren und regen.

*

GLAUBE NUR, du hast viel getan,
Wenn dir Geduld gewöhnest an.

*

GLEICH ist alles versöhnt,
Wer redlich ficht, wird gekrönt.

*

WER MIT dem Leben spielt
Kommt nie zurecht;
Wer sich nicht selbst befiehlt
Bleibt immer ein Knecht.

*

HAST DEINE Kastanien zu lange gebraten;
Sie sind dir alle zu Kohlen geraten.

*

DU TRÄGST sehr leicht, wenn du nichts hast;
Aber Reichtum ist eine leichtere Last.

*

ES LIESSE sich alles trefflich schlichten,
Könnte man die Sachen zweimal verrichten.

*

WENN AUCH der Held sich selbst genug ist
Verbunden geht es doch geschwinder
Und wenn der Überwundne klug ist
Gesellt er sich zum Überwinder.

*

MEINE WAHL
Ich liebe mir den heitern Mann
Am meisten unter meinen Gästen:
Wer sich nicht selbst zum Besten haben kann
Der ist gewiß nicht von den Besten.

*

WIE'S ABER in der Welt zugeht
Eigentlich niemand recht versteht,
Und auch bis auf den heutigen Tag
Niemand gerne verstehen mag.
Gehabe du dich mit Verstand,
Wie dir eben der Tag zur Hand,
Denk immer: ist's gegangen bis jetzt,
So wird es auch wohl gehen zuletzt.

*

Es ist besser das geringste Ding von der Welt
zu tun,
als eine halbe Stunde für gering halten.

*

Alles was entsteht sucht sich Raum
und will Dauer,
deswegen verdrängt es ein anderes vom Platz
und verkürzt seine Dauer.

*

EIN NEU PROJECT ward vorgebracht
Willst du dich nicht damit befassen?
„Habe schon mal bankrot gemacht
Nun will ich's andern überlassen."

*

WER ABER recht bequem ist und faul,
Flög dem eine gebratne Taube ins Maul,
Er würde höchlich sichs verbitten,
Wär sie nicht auch geschickt zerschnitten.

*

ZWISCHEN heut und morgen
Liegt eine lange Frist.
Lerne schnell besorgen,
Da du noch munter bist.

*

Die Arbeit macht den Gesellen.

*

WAS UNS gefällt und scheinet fein,
Muß erst mit Müh erworben sein.

*

GUT VERLOREN etwas verloren.
Mußt rasch dich besinnen
Und Neues gewinnen
Ehr verloren viel verloren
Mußt Ruhm gewinnen
Da werden die Leute sich anders besinnen.
Mut verloren alles verloren
Da wär es besser nicht geboren.

*

In der wahren Kunst gibt es keine Vorschule,
wohl aber Vorbereitungen;
die beste jedoch ist die Teilnahme des geringsten
Schülers am Geschäft des Meisters.
Aus Farbenreibern sind treffliche Maler
hervorgegangen.

*

DAS MUSST du als ein Knabe leiden,
Daß dich die Schule tüchtig reckt
Die alten Sprachen sind die Scheiden,
darin das Messer des Geistes steckt.

*

Will einer sich gewöhnen,
So sei's zum Guten zum Schönen.
Man tue nur das Rechte,
Am Ende duckt, am Ende dient der Schlechte.

*

So wenig nun die Dampfmaschinen
zu dämpfen sind,
so wenig ist dies auch im Sittlichen möglich:
die Lebhaftigkeit des Handels,
das Durchrauschen des Papiergeld's,
das Anschwellen der Schulden,
um Schulden zu bezahlen,
das alles sind die ungeheuern Elemente,
auf die gegenwärtig ein junger Mann gesetzt ist.
Wohl ihm,
wenn er von der Natur
mit mäßigem, ruhigem Sinn begabt ist,
um weder unverhältnismäßige Forderungen an
die Welt zu machen,
noch auch
von ihr sich bestimmen zu lassen.

*

Mit dieser Welt ist's keiner Wege richtig;
Vergebens bist du brav, vergebens tüchtig,
Sie will uns zahm, sie will sogar uns nichtig.

*

Alles was unsern Geist befreit,
ohne uns die Herrschaft über uns selbst zu geben,
ist verderblich.

*

Ein großer Fehler:
daß man sich mehr dünkt als man ist
und sich weniger schätzt als man wert ist.

*

„Säen ist nicht so beschwerlich als ernten."

*

Ich bin mit allen Menschen einig die mich
zunächst angehen und von den übrigen laß ich
mir nichts mehr gefallen und da ist die Sache aus.

*

Wenn sie aus deinem Korbe naschen,
Behalte noch etwas in der Taschen.

*

Nicht allein das Angeborene
sondern auch das Erworbene ist der Mensch.

*

Die Wirksamkeiten auf die wir achten müssen,
wenn wir wahrhaft gefördert sein wollen, sind:
Vorbereitende,
Begleitende,
Mitwirkende,
Nachhelfende,
Fördernde,
Verstärkende,
Hindernde,
Nachwirkende.

*

Es ist nicht genug zu wissen,
man muß auch anwenden;
es ist nicht genug zu wollen,
man muß auch tun.

*

„Die Schwierigkeiten wachsen
je näher man dem Ziele kommt.“

*

ÜBER EIN Ding wird viel geplaudert,
Viel beraten und lange gezaudert,
Und endlich gibt ein böses Muß
Der Sache widrig den Beschluß.

*

MIT EINEM HERREN steht es gut,
Der was er befohlen selber tut.

*

Wer das erste Knopfloch verfehlt
kommt mit dem Zuknöpfen nicht zu Rande.

*

LEBENSREGEL
Willst du dir ein hübsch Leben zimmern,
Mußt dich ums Vergangne nicht bekümmern;
Das Wenigste muß dich verdrießen;
Mußt stets die Gegenwart genießen,
Besonders keinen Menschen hassen
Und die Zukunft Gott überlassen.

*

JEDEM REDLICHEN Bemühn
Sey Beharrlichkeit verliehn.

*

Wie viele Jahre muß man nicht
tun
um nur einigermaßen zu wissen
was und wie es zu tun sei.

*

SICH IM RESPECT zu erhalten
Muß man recht borstig seyn.
Alles jagt man mit Falken,
Nur nicht das wilde Schwein.

*

Halte dich nur im Stillen rein,
Und laß es um dich wettern;
Jemehr du fühlst ein Mensch zu sein,
Desto ähnlicher bist du den Göttern.

*

VÄTERLICHSTER RAT
Wisst du frei sein mein Sohn,
so lerne was rechtes und halte Dich genügsam
und sieh niemals nach oben hinauf.

*

ZÜCHT'GE den Hund,
den Wolf magst du peitschen;
Graue Haare sollst du nicht reizen.

*

Das Beste möcht' ich euch vertrauen:
Sollt erst in eignen Spiegel schauen.

*

FÜNF DINGE
Pend-nâmeh.Cap.46.

Fünf Dinge bringen fünfe nicht hervor,
Du! dieser Lehre öffne du dein Ohr:
In Königsherzen
mag nicht Freundschaft sprossen;
Unhöflich sind der Niedrigkeit Genossen;
Ein Bösewicht gelangt zu keiner Größe;
Der Neidische erbarmt sich nicht der Blöße;
Der Lügner hofft vergeblich Treu und Glauben;
Das halte fest und laß dirs niemals rauben.

*

Trage dein Übel wie du magst,
Klage niemand dein Mißgeschick;
Wie du dem Freunde ein Unglück klagst
Gibt er dir gleich ein Dutzend zurück.

*

MIT WAHRHEIT UND DICHTUNG
Ein alter Freund erscheint maskiert,
Und das, was er im Schilde führt,
Gesteht er wohl nicht allen;
Doch Du entdeckst sogleich den Reim
Und sprichst ihn aus ganz ins geheim:
Er wünscht Dir zu ……..

*

HABEN'S gekauft, es freut sie baß,
Eh man's denkt,
so betrübt sie das.

*

„Du bist ein wunderlicher Mann,
Warum verstummst du vor diesem Gesicht?"
Was ich nicht loben kann
Davon sprech ich nicht.

*

EIN KRANZ ist gar viel leichter binden,
Als ihm ein würdig Haupt zu finden.

*

FÜNF ANDRE
Was verkürzt mir die Zeit?
Thätigkeit!
Was macht sie unerträglich lang?
Müßiggang!
Was bringt in Schulden?
Harren und Dulden!
Was macht Gewinnen?
Nicht lange besinnen!
Was bringt zu Ehren?
Sich wehren!

*

„Geht dir denn das von Herzen
Was man von dir hört und liest?"
Sollte man das nicht bescherzen
Was uns verdrießt.

*

DAS GEMEINSCHAFTLICHE SCHICKSAL
Siehe, wir hassen, wir streiten,
es trennet uns Neigung und Meinung,
Aber es bleichet indes dir sich die Locke wie mir.
Warum plagen wir einer den andern?
Das Leben verrinnet,
Und es versammelt uns nur einmal
wie heute die Zeit.

*

Was ist das schwerste von allem?
Was dir das leichteste dünket,
Mit den Augen zu sehn,
was vor den Augen dir liegt.

*

Das Tüchtige, und wenn auch falsch,
Wirkt Tag für Tag, von Haus zu Haus;
Das Tüchtige, wenn's wahrhaft ist,
Wirkt über alle Zeiten hinaus.

*

69

GEFAHR

Fallen ist der Sterblichen Los.
So fällt hier der Schüler
Wie der Meister,
doch stürzt dieser gefährlicher hin.

*

„Sag mir doch! von deinen Gegnern
Warum willst du gar nichts wissen?"
Sag mir doch! ob du dahintrittst
Wo man in den Weg ......?

*

Mit
widerlegen,
bedingen,
begrimmen,
Bemüht und brüstet mancher sich
Ich kann daraus nichts weiter gewinnen
Als daß er anders denkt wie ich.

*

Wohl! Wer auf rechter Spur
Sich in der Stille siedelt;
Im Offnen tanzt sich's nur,
So lang Fortuna fiedelt.

*

Soll es reichlich zu dir fließen,
Reichlich andre laß genießen.

*

Die schwer zu lösende Aufgabe
strebender Menschen ist
die Verdienste älterer Mitlebenden anzuerkennen
und sich von ihren Mängeln
nicht hindern zu lassen.

Weitere Quellen und Literatur, insbesondere zu Bibliographien und Lexika u.a.:

Chronologie, Bibliographie, Karten, Register. In: GOETHE HANDBUCH (in vier Bänden) Hrsg. Bernd Witte u.a., Stuttgart, Weimar 1999//2004.

Gero von Wilpert: *Goethe-Lexikon*, Stuttgart 1998.

Elisabeth Draguhn: *Distanz in Leben und Romanwerk Goethes. Zur Rettung einer Dichterexistenz*, Frankfurt 2011.